Dieses Buch hat als Grundlage die wichtigsten Gerichte des großen Buches „Dr. Switzers Heilkräftige Wildkräuter-Vitalkost-Rezepte“ mit 180 Rezepten. Wir wenden uns damit an Anfänger der Wildkräuter-Zubereitung. Alle ausgewählten Rezepte wurden von einer Köchin zubereitet und getestet. Hier werden vor allem die einfacheren Rezepte vorgestellt. Wir wünschen Ihnen viel Spaß beim Zubereiten und Erforschen einer neuen Welt des Geschmacks!

Die Kunst besteht darin, aus dieser Vielfalt das Optimum für die jeweiligen Bedürfnisse auszuwählen.

Inhalt

Meine wichtigsten Rezepte für Beginner auf einen Blick:

Vitalkost mit Kräutern, Gemüse und Obst

Wildpflanzen

Die Wildpflanzen sind oft heilkräftiger als die teuersten Arzneimittel aus der Apotheke, ihre Heilkraft ist unübertroffen. Auch der Ayurveda und die Homöopathie setzen die Heilwirkung von Wildpflanzen ein. Selbst die Schulmedizin isoliert einzelne Wirkstoffe aus Wildkräutern, um sie bei bestimmten Krankheiten einzusetzen. Ein Beispiel dazu ist die Gabe von Digitalis bei Herzinsuffizienz.

Die Wildkräuter sind ein wahrer Goldschatz an Biophotonen (von Pflanzen aufgenommene Sonnenenergie) und sekundären Pflanzenstoffen, die im Handel so gut wie nicht erhältlich sind. Um an diese für unseren Körper und Geist so wichtigen Nährstoffe zu gelangen, müssen wir erst Bekanntschaft mit unseren heimischen Wildkräutern schließen. Dann brauchen wir ein paar gute Rezepte, um aus den Wildkräutern etwas Schmackhaftes zuzubereiten. Deswegen habe ich diese Rezeptsammlung geschrieben.

Dieses Buch erhebt nicht den Anspruch, ein hundertprozentiges Rohkost-Veganer-Kochbuch

zu sein, auch wenn die meisten Rezepte ohne Hitze und tierisches Eiweiß zubereitet werden.

Obwohl ich eine vegane Rohkost-Ernährungsweise durchaus für erstrebenswert halte, ist es für die meisten Menschen und vor allem für viele Patienten schlicht und einfach nicht möglich, auf tierisches Eiweiß oder Kochkost ganz zu verzichten. Es dauert oft viele Jahre, um von tierischem Eiweiß wegzukommen.

Hier gibt es eine Faustregel: Je degenerierter der Magen-Darm-Trakt, desto höher ist der Bedarf an tierischem Eiweiß. Diese Tatsache wird eine vegane Ernährungsweise erschweren.

Es bleibt nur die Frage, wie man die Wildkräuter kulinarisch verwenden bzw. zubereiten kann. Schließlich sollte unsere Nahrung nicht wie bittere Arznei schmecken. Diese Herausforderung hat mich während der vergangenen zehn Jahre motiviert, heilkräftige Rezepte zu kreieren.

Hinweis: Die Mengenangabe „1 Tasse" bezieht sich auf die amerikanische Messtasse, die 250 ml fasst und in Spezialgeschäften erhältlich ist. Sie können aber auch eine Tasse zu Hause abmessen und die jeweiligen Mengen – ¼, ½ etc. – mit einem Stift außen markieren.

Die Suche nach heilkräftigen Nahrungsmitteln

Wildpflanzen

Die grünen Wildpflanzen werden oder wurden von robusten Naturvölkern wie den Hunzukuc aus dem Hunzatal in Nordpakistan, den Dagestani aus dem Kaukasus und, in früheren Zeiten, den Indianern Nordamerikas und den Aborigines Australiens in großen Mengen verzehrt. Diese Naturvölker strotzten oder strotzen zum Teil immer noch vor Kraft und Gesundheit; mit degenerativen Erkrankungen haben sie wenig zu tun. Sie haben wenig Berührung mit Ärzten, Krankenhäusern, Medikamenten, Impfungen und Pflegeheimen.

Affen und Gorillas, die zur Familie der Primaten gehören wie wir Menschen, leben zu 70 Prozent von grünen Wildpflanzen. Auch sie strotzen vor Kraft und leiden nicht wie Menschen unter degenerativen Krankheiten. Nur wenn die Tiere in einem Zoo gehalten werden, fangen sie an, Gebrechen zu zeigen. Dann fehlen die für ihre Gesundheit so wichtigen Wildkräuter. Hochgezüchtete Früchte und Gemüse sind kein Ersatz für Wildpflanzen. Ohne die Wildpflanzen fehlen wichtige Nährstoffe wie sekundäre Pflanzenstoffe, Biophotonen, organische Mineralien und Spurenelemente, Enzyme und Vitamine. Dadurch entwickeln die Tiere einen unstillbaren Hunger. Dieses Verhalten kann man bei den Affen im Tierpark beobachten. Sie fangen sogar an, die mitgelieferten Bananenkartons zu fressen, ein Verhalten, welches „Pica-Syndrom" genannt wird.

Menschen, die mit organischen Spurenelementen unterversorgt sind, entwickeln ähnliche Gelüste. Allerdings konsumieren wir anstelle von Kartons lieber Pizza, Pasta, Brot, Schokolade, Kuchen, Chips, Eis, Süßigkeiten, Wurst, Käse, Fleisch, Alkohol und Nikotin. Die uns von der Industrie aufgetischte minderwertige Nahrung kann dieses Verlangen beleben und lässt die Menschen immer dicker werden. Trotz voller Bäuche wird man nicht richtig satt.

Wenn man den Körper mit organischen Spurenelementen (Mikromineralien-Ur-Essenz – übrigens: am besten Morgens einnehmen) und Wildkräuter-Cocktails versorgt, ist es möglich, diese Gelüste einzudämmen. Das funktioniert fast immer. Man wird deutlich weniger Verlangen nach Brot, Nudeln, Käse, Fleisch, Wurst, Süßigkeiten, Schokolade, Kaffee, Alkohol und oft sogar Nikotin verspüren. Zwischenmahlzeiten wird man nicht mehr brauchen. Hunderte meiner Patienten und Seminarteilnehmer konnten diese Erfahrung machen.

Die Wildkräuter enthalten Nährstoffe, die sowohl Affen wie auch Menschen vor Krankheiten und Degeneration schützen können. Diese Nährstoffe wird man selbst in Biokost kaum finden. Unsere Gemüsesorten sind meistens hochgezüchtet und weisen bei Weitem nicht den hohen Gehalt an Nährstoffen auf wie die Wildkräuter. Viele der wichtigen sekundären Pflanzen- und Bitterstoffe, die eine heilkräftige Wirkung auf den Körper ausüben können, wurden inzwischen weggezüchtet.

Pflanzenstoffe und Biophotonen

Fehlen die sekundären Pflanzenstoffe in unserer Nahrung, kann unser Immunsystem sich gegenüber Krankheiten schlechter wehren. Dann müssen wir den Arzt aufsuchen, um die fehlenden Pflanzenstoffe verschreiben zu lassen. Was in unserem Gemüse und Obst fehlt, kaufen wir in der Apotheke – eigentlich ein tolles Geschäft für die Industrie. Die Pflanzenstoffe, die herausgezüchtet wurden, müssen wir später in der Apotheke teuer einkaufen.

Weil viele Nährstoffe wie die Biophotonen eine begrenzte Halbwertzeit von nur wenigen Stunden haben, sind frisch gesammelte Wildkräuter für unsere Gesundheit von großer Bedeutung. Ihre Nährstoff-Fülle ist überragend und kaum zu übertreffen. Biophotonen sind eine Nährstoffklasse, die von der Medizin sträflich ignoriert wird. Die Biophotonen sind aber unerlässlich, um den Körper vor degenerativen Erkrankungen zu schützen.

Wie viele Nährstoffe bleiben überhaupt übrig, wenn man Bio-Erzeugnisse aus Spanien nach Deutschland karrt? Kann welkes Gemüse aus dem Bioladen noch irgendwelche Biophotonen enthalten? Wie kann man gesund werden, wenn unsere Lebensmittel kaum noch organische Spurenelemente, Chlorophyll, Enzyme, sekundäre Pflanzenstoffe und Biophotonen aufweisen?

Das sind wichtige Fragen, die die Medizin weitgehend ignoriert hat. Deswegen befindet sich die Menschheit in einer gigantischen ernährungsbedingten Schieflage. Ein Blick auf die Statistik macht das deutlich: In den USA sterben bereits ca. 50 Prozent aller Menschen an Herz-Kreislauf-Erkrankungen, gefolgt von fast 40 Prozent Todesfällen aufgrund von Krebs. Jeder zweite 85-Jährige leidet mittlerweile unter Demenz. 40 Prozent der Bevölkerung leiden unter Fettsucht, eine Folge der außer Kontrolle geratenen Gelüste, die durch einen Mangel an organischen Spurenelementen entstehen können. Kaum ein Mensch stirbt heute nur an Altersschwäche. Die fehlenden Nährstoffe in unserer Nahrung sowie unsere toxische Umwelt sind die wichtigsten Gründe für diese Entwicklung. Um diese Nährstoffmängel auszugleichen, habe ich die frischen Wildkräuter-Cocktails kreiert. Diese „alltagstauglichen“ Cocktails sind einfach zu mixen und auch sehr schmackhaft. Sie enthalten eine große Fülle an Nährstoffen, die den Stoffwechsel und das Immunsystem optimieren können. Ihr Nährstoffgehalt ist kaum zu übertreffen, wie die folgende Tabelle zeigt. In jeder Kategorie sind die Wildkräuter den gezüchteten Gemüsesorten deutlich überlegen.

Ein Blick auf die Tabelle macht einiges deutlich. Möchten wir gesund werden, müssen wir unseren Fokus auf die heimischen, essbaren Wildkräuter richten. Als Nährstoffspender sind sie alternativlos. Es gibt nichts Besseres. Sie müssen nur noch schmackhaft zubereitet werden, dann werden wir sie täglich essen wollen. Wenn die Wildkräuter-Cocktails und -Gerichte gut zubereitet werden, können sie sogar mit Pizza, Pasta, Pommes, Brot, Döner und Hamburgern konkurrieren.

Nährstoffvergleich zwischen verschiedenen Gemüsesorten und Wildkräutern

Art	Wasser (%)	K (mg)	P (mg)	Mg (mg)	Ca (mg)	Fe (mg)	Vitamin C	Provitamin A
Chinakohl	95,4	202	30	11	40	0,6	36	13
Kopfsalat	95,0	224	33	11	37	1,1	13	130
Spinat	91,6	633	55	58	126	4,1	52	700
Brennnessel	84,8	410	105	71	630	7,8	333	740
Giersch	87,2	510	88	67	230	4,3	201	684
Löwenzahn	89,9	590	68	23	50	1,2	115	384

Pro 100 Gramm; K = Kalium, P = Phosphor, Mg = Magnesium, Ca = Kalzium, Fe = Eisen

Quelle: Wildgemüse: AID Verbraucherdienst 1989; Wildpflanzen: Franke et al. 1981, Dumner et al. 1984.

Interessante Gerichte

In diesem Rezeptbuch habe ich versucht, kulinarisch interessante Gerichte zu entwickeln, die leicht und mühelos in der Zubereitung sind. Diese schmackhaften und gesunden Gerichte sind bei meinen Patienten und Seminarteilnehmern immer gut angekommen. Sie bilden einen Teil meiner Therapie, vor allem bei Patienten mit degenerativen Krankheiten. Während der letzten zehn Jahre habe ich viel Zeit investiert, um leckere Wildkräuter-Rezepte zu kreieren, damit sogar Kinder und Gourmets zufriedengestellt werden können. Kleinkinder und Senioren, Kranke und Athleten, alle können von den schmackhaften Gerichten profitieren. In Verbindung mit einer Ayurveda-Panchakarma-Entschlackungskur können die Wildkräuter-Cocktails den Entschlackungsprozess unterstützen. Sie können auf Blut und Lymphflüssigkeit entgiftend wirken. Sie können die Darmwände säubern und die Bildung von Verdauungssäften verbessern. Durch die Bitterstoffe kommt die Galle besser zum Fließen. Seit wir die Wildkräuter-Cocktails bei unseren Ayurveda-Patienten einsetzen, wirkt die Panchakarma-Kur wesentlich intensiver. Mithilfe der Wildkräuter bekommen wir die Srotas, oder Körperkanäle, besser frei. Wir erreichen damit bessere Ergebnisse auch bei Patienten mit degenerativen Erkrankungen.

Durch eine Mischung aus Fleisch- und Milcheiweiß, glutenhaltigen Kohlenhydraten und Zucker ist das Darmmilieu bei den meisten Menschen oft empfindlich gestört. Eine ayurvedische Darmreinigung und die Wildkräuter-Cocktails sind hier die beste Therapie. Laut Hippokrates ist ein gesunder Darm die wichtigste Voraussetzung, um wieder gesund zu werden.

Durch den hohen Gehalt an sekundären Pflanzenstoffen in den Wildkräuter-Cocktails kann man auf teure Medikamente oft verzichten; man bekommt quasi die Medizin mit den Wildkräutern mitgeliefert. In einer Zeit explodierender Gesundheitskosten liefert Mutter Natur die perfekte Lösung: Aus einem Mix aus Wildkräutern, Früchten und Wasser kann man leckere Cocktails mixen, die nicht nur schmecken und sättigen, sondern fast wie Medizin wirken. Und das beinahe zum Nulltarif, für jedermann erschwinglich.

Grundrezept

Grüner Wildkräuter-Cocktail

Die Grundzutaten werden bis zur Höhe von zwei Dritteln des Mixerbehälters eingefüllt.

Zutaten:

Wildkräuterblätter von Giersch

Löwenzahn

Brennnessel

Weißer Gänsefuß (Melde)

Spitzwegerich, Gundermann oder Kohldistel

und/oder grünes Blattgemüse wie Spinatblätter, Grünkohl, Petersilie

Rucola oder Mangold aus dem Bioladen

2 Esslöffel der Mikromineralien-Ur-Essenz (enthält ca. 80 organische Mineralien und Spurenelemente)

Geschmackszutaten je nach Vorliebe dazu:

2 bis 6 Datteln

1 reife Banane

1 Orange

Etwas frischer Ingwer

1 Esslöffel Zimt

½ Teelöffel Kardamom

Fertigstellung:
Mit Wasser bis zur Hälfte des Mixerbehälters auffüllen und pürieren.

1 Tasse gefrorene oder frische Himbeeren

Zum Schluss die Himbeeren hinzugeben und langsam essen.

Die Wildkräuter-Vitalkost-Ernährungsweise steht und fällt mit dem grünen Wildkräuter-Cocktail. Egal, ob man sich von Fastfood, Makrobiotik, Ayurveda-Kost, vegetarisch oder von Fleischkost ernährt, ein grüner Wildkräuter-Cocktail tut gut und wird die Nährstoffversorgung verbessern.

Zum Mixvorgang

Damit man die Pflanzenfasern glatt mixen kann, empfiehlt sich der Einsatz eines „Industriemixers" mit 28.000 Umdrehungen (siehe Bezugsquelle). Mit einem herkömmlichen Mixer fällt das Mixen oft schwerer. In einem Zeitraum von acht Jahren habe ich ca. zehn Mixer verschrotten müssen. Seit ich einen Industrie-Mixer einsetze, habe ich keine Probleme mehr. Weil ich den Mixer fast täglich benutze, hat sich die Investition gelohnt. Er hat bei

Tipp:

Wenn Sie gerne etwas Festes zu beißen haben wollen, streuen Sie noch gekeimte Sonnenblumenkerne darüber. Durch Kokos-Chips bzw. -raspel wird der Cocktail mit wertvollen Fettsäuren aufgewertet.

Fruchtige Cocktails

Grüner Wildkräuter-Kakao-Cocktail

mir den Kochherd fast komplett ersetzt.

Bemerkungen zur Mikromineralien-Ur-Essenz

Durch die Gabe der Mikromineralien-Ur-Essenz kann die Heilkraft des Cocktails zusätzlich gesteigert werden. Heute leidet fast jeder unter einem Mangel an organischen Mineralien und Spurenelementen. Ohne diese wichtigen Bausteine ist es fast unmöglich, einen Zustand von optimaler Gesundheit zu erreichen.

Wissenswertes über den Kakao-Cocktail

Die rohen, nicht gerösteten Kakaobohnen können „Glücksmoleküle" freisetzen, weswegen ja auch Schokolade heute so populär ist. Diese Moleküle, auch Phenylethylamine genannt, können die Endorphin-Freisetzung im Gehirn anregen. Endorphine sorgen für gute Laune und werden auch beim Jogging und Sonnenbaden vermehrt gebildet. Weil die rohen Kakaobohnen unbehandelt sind, wirken sie intensiver und länger als die gerösteten Kakaobohnen.

Geben Sie Ihrem Körper mehr Schwung mit der stimulierenden Wirkung der rohen Kakaobohnen.

Wirkt besser als Kaffee!
Es werden dem Wildkräuter-Cocktail-Grundrezept folgende Zutaten hinzugefügt:

5 bis 6 rohe Kakaobohnen

2 Esslöffel regulärer oder fermentierter Bienenpollen

Alle Zutaten werden püriert und morgens anstelle des Kaffees langsam verzehrt. Das gibt Ihrem Körper mehr Schwung und Sie kommen besser „in die Gänge" als mit Kaffee.

Kakaofrucht

Fruchtige Cocktails

Grüner Orangen-Cocktail

Alle Zutaten bis auf die Himbeeren pürieren

Zutaten:

Saft zweier Orangen

1 Tasse Wasser

1 Bund Petersilie

2 Handvoll Spinatblätter oder Giersch („Unkraut" aus dem Garten!)

1 Teelöffel Zimt

1 Esslöffel Bienenpollen

1 Tasse gefrorene (aufgetaute) Himbeeren

2 Esslöffel Mikromineralien-Ur-Essenz

Alle Zutaten, bis auf die Himbeeren, pürieren. Zum Schluss die Himbeeren hinzugeben und langsam essen.

Einfacher geht's nicht:

Alles in den Mixer und pürieren – dann gleich trinken!

Ernährungsprinzip:

Chlorophyll in Kräutern oder grünen Blattgemüsen ist die primäre Nahrung aller Primaten wie Affen und auch Menschen. Primaten verdanken ihre Robustheit dem Chlorophyll, das sie täglich durch den Verzehr von frischen grünen Blättern einnehmen.

Dieser Cocktail verbindet die angenehme Frische von Orangen mit den grünen Blättern von Petersilie, Spinat, Giersch oder anderen Wildkräutern. Durch die Gabe der Mikromineralien-Ur-Essenz entstehen Eiweiß-Mineral-Chelat-Verbindungen, die die Assimilation von organischen Mineralien steigern.

Rohkost: Der Körper erhält somit viele Nährstoffe und nur wenig Kalorien – das ideale Rezept, um abzunehmen. Gelüste werden reduziert und man wird länger und gesünder leben. Nehmen wir zu viel kalorienreiche Nahrung aus Stärke und Zucker zu uns, verkürzen wir unnötig unser Leben.

Herzhafte Cocktails

Grünkohl-Tomaten-Cocktail

Alle Zutaten pürieren und genießen!

Zutaten:

6 Blätter Grünkohl ohne Stiel

Saft einer ½ Zitrone

½ Bund Petersilie

½ Zwiebel

1 Knoblauchzehe

4 eingeweichte, getrocknete Tomaten

2 Esslöffel eingeweichter Leinsamen

1 Teelöffel Vata-Gewürz Churna (siehe Bezugsquelle)

2 Tassen warmes Wasser

Herzhafte Grüne-Gemüse-Cocktails:

Gemüse wird statt Obst mit den Wildkräutern und Blattgemüsen gemixt. Für Menschen, die abnehmen wollen, sind diese Cocktails sehr empfehlenswert. Sie wirken äußerst sättigend und führen zu keinen Blutzuckerschwankungen.

Jedes Rezept enthält die fünf Geschmacksrichtungen süß, salzig, sauer, scharf und bitter. Dann ist die Sättigung besonders vollständig. Kommen nur süß oder salzig in einem Rezept vor, können später Gelüste entstehen.

Herzhafte Cocktails

Roter Grünkohl-Cocktail

Alle Zutaten mixen und gleich trinken!

Zutaten:

½ Liter Rote-Bete-Saft, frisch und langsam gepresst

4 Tomaten

4 getrocknete Tomaten

2 Esslöffel Italienische-Kräuter-Mix (Bioladen)

1 Teelöffel Curry

½ Teelöffel Pfeffer

4 Esslöffel Balsamico-Essig

3 Tassen Grünkohl (ohne Stiel) oder Wildkräuterblätter

2 Esslöffel Tamari-Sojasauce

Grünkohl entgiftet:

Dieses Rezept ist eine tolle Mischung aus Grün in Form von Grünkohlblättern oder Wildkräutern und Rot in Form von Rote-Bete-Saft. Rote Bete sollen in der Lage sein, eine starke Entgiftung der Leber zu bewirken. Sie geben „Methylgruppen" ab, mit denen die Leber Toxine unschädlich machen kann. Von allen Blattgemüsesorten enthält der Grünkohl die meisten Nährstoffe. Diese Pflanze ist winterhart und meistens durch Nitrat weniger belastet als Bio-Spinat.

Im Winter, wenn es nur wenige Wildkräuter gibt, sollte man öfter auf Grünkohl zurückgreifen.

Salate

Beluga-Sprossen-Salat

Alle Zutaten mischen und genießen!

Zutaten:

1 Tasse Beluga-Linsen-Sprossen (ca. 2 Tage)

4 Tassen Feldsalat, Rucola oder Spinatblätter oder Wildkräuter wie Giersch, Löwenzahn oder Vogelmiere

8 Cocktail-Tomaten, klein geschnitten

½ Avocado, klein geschnitten

3 Esslöffel Apfelessig

1 Teelöffel geröstetes Sesamöl (Asienladen, Bioladen)

1 Esslöffel Tamari-Sojasauce

½ Teelöffel Paprika

1 Esslöffel süßer indischer Curry

½ Teelöffel Koriander

½ Teelöffel Pfeffer

Die kleinen schwarzen Beluga-Linsen lassen sich wunderbar zum Keimen bringen. Geschmacklich sind sie feiner als die braunen Linsen. Wenn man sie mit Wildkräutern kombiniert, entsteht ein erstklassiger Salat auf Gourmet-Niveau.

Ernährungsprinzip:

Linsensprossen sind ein wunderbarer Eiweiß- und Enzymspender, die Wildkräuter liefern viele Bitterstoffe, Chlorophyll und Biophotonen. Linsen sind auch ein wichtiger Spender von Zink. Sie sind das Grundnahrungsmittel der Inder, die weitgehend auf tierisches Eiweiß verzichten!

Was in unserem Gemüse und Obst fehlt, kaufen wir in der Apotheke – eigentlich ein tolles Geschäft für die Industrie. Die Pflanzenstoffe, die herausgezüchtet wurden, müssen wir später in der Apotheke teuer einkaufen.

Salate

Heilkräftiger Power-Salat

Verbinden Sie den hohen Nährstoffgehalt von Sprossen, Wildkräutern und Meeresalgen in diesem heilkräftigen Salat!

Zutaten:

1 Tasse **Mungbohnen-Sprossen**
1 Tasse eingeweichte **Hijiki-** oder **Wakame-Algen** (ca. 15 Min. einweichen)
2 Tassen geschnittene **Wildkräuter** wie Knoblauchsrauke oder Löwenzahn
2 Tassen **Cocktail-Tomaten**, geviertelt
1 **Gurke**, klein geschnitten

Salatsauce:

4 Esslöffel japanische **Miso-Paste** aus fermentierten Sojabohnen
4 Esslöffel **Senf**
4 Esslöffel **Apfelessig**
2 Esslöffel **Kürbiskern-** oder geröstetes **Sesamöl**
1 Teelöffel **Pfeffer**
2 Esslöffel **Tamari-Sojasauce**

Die Algen vorher in Wasser einweichen; Dauer etwa 15 Minuten. Die Salatsauce mixen und mit den anderen Zutaten mischen.

Salate

Korianderkraut-Salat

Es gibt kein leckereres Küchenkraut.

Zutaten:

1 reife Avocado

5 Tomaten

½ Tasse getrocknete Tomaten

1 Bund Korianderkraut (türkischer Gemüseladen)

4 Esslöffel Tamari-Sojasauce

1 Teelöffel Pfeffer

1 Tasse Mungbohnen- oder Beluga-Linsen-Sprossen

Ein Hit:

Alle Zutaten mischen und mit einer Tasse Mungbohnen- oder Beluga-Linsen-Sprossen (sehr lecker) servieren. Dieser Salat ist immer ein Hit bei meinen Seminaren!

Korianderkraut ist ein wunderbares, aber in Deutschland wenig bekanntes Gewürzkraut. In Asien, Mexiko und in der Türkei wird es in großem Stil verwendet. Es gibt kein leckereres Küchenkraut.

Ernährungsprinzip:

Korianderkraut soll in der Lage sein, Schwermetalle aufzunehmen und sie aus dem Körper zu leiten.

Quark

Grundrezept Quinoa-Quark

Eine der besten vegetarischen Eiweißquellen überhaupt

Zutaten:

1 Tasse Quinoa

3 Tassen Wasser

Vorgehensweise:

Die Quinoa-Samen werden über Nacht in Wasser im Verhältnis 1 : 3 eingeweicht. Die Samen sprießen bereits nach ca. **24 Stunden**. Die Quinoa-Sprossen werden mit etwas Wasser im Mixer püriert und über Nacht (**8 bis 12 Stunden**) ohne Deckel an einen zimmerwarmen, zugfreien Ort gestellt. Die Laktobazillen aus der Luft können dadurch die pürierten Sprossen besiedeln und zur Gärung bringen. Nach Abschluss der Fermentation entsteht der Quinoa-Quark.

Der „Quark" kann sich von einer wässrigen „Molkeschicht" absetzen. Das ist ein Zeichen, dass er reif ist. Diese Molke kann verwendet oder abgegossen werden, je nachdem welche Konsistenz für den Quark erwünscht ist. Der „Quark" ist ein probiotisches und von den Laktobazillen vorverdautes Nahrungsmittel, das man in verschiedenen Rezepturen weiterverarbeiten kann.

Quinoa ist das „Gold der Inkas". Es enthält vollständiges Eiweiß im Gegensatz zu Getreidesorten wie Roggen, Dinkel und Weizen, die nicht über die Aminosäure Lysin verfügen.

Suppen

Quinoa-Quark-Hummus-Suppe

Meine schmackhafteste und heilkräftigste Suppen-Kreation

Zutaten:

½ Tasse Quinoa-Quark-Hummus oder Quinoa-Quark (s. Rezept links)

4 Esslöffel Miso-Paste

1 Teelöffel Pfeffer

1 Handvoll Brennnesselblätter

2 Tassen kochendes und 2 Tassen kaltes Wasser

Alle Zutaten mixen und genießen!

Ernährungsprinzip:

Als „Fastfood"-Koch bin ich immer auf der Suche nach Wegen, wie ich meine Arbeitsabläufe optimieren kann. So bin ich auf dieses Rezept gestoßen. Die Teilnehmer meines Seminars waren begeistert.

Nachdem ich mein Quinoa-Quark-Hummus-Rezept vor meinen Seminarteilnehmern demonstriert hatte, musste ich den Mixerbehälter für das nächste Rezept säubern. Da fiel mir ein, dass ich einfach heißes Wasser (ca. 60 °C) mit etwas Miso-Paste und ein paar Brennnesselblättern einfüllen, sie mixen und als Suppe servieren könnte. Die so entstandene Suppe war cremig und äußerst schmackhaft und der Mixerbehälter war auch blitzblank.

Man erhält eine Suppe, bei der das Eiweiß komplett vorverdaut ist. Bekömmlichkeit pur, danach wird man keine Blähungen haben!

Suppen

Spinat-Suppe

Alle Zutaten pürieren.

Mit Mungbohnen-Sprossen garnieren und warm essen

Zutaten:

5 Tomaten

1 Handvoll Korianderkraut (beim Türken- oder Asienladen erhältlich) oder Petersilie

2 Selleriestangen

1 Frühlingszwiebel

3 Datteln

2 Handvoll Spinatblätter

2 Esslöffel Aprikosen-Würzsauce Ume Su (Bioladen, japanisch) oder Apfelessig

½ Teelöffel Cayenne-Pfeffer

2 Tassen heißes Wasser

2 Esslöffel vegetarisches Suppenpulver

1 Esslöffel Curry-Pulver

Ernährungsprinzip:

Diese Suppe enthält die Geschmacksrichtungen süß, salzig, sauer, scharf, bitter und herb. Damit sind alle sechs Geschmacksrichtungen abgedeckt, eine wichtige Voraussetzung dafür, dass wir ins Gleichgewicht kommen und Gelüste nach Süßigkeiten und Brot überwinden können.

Suppen

Grüne „Fastfood"-Suppe

Schneller kann man eine Suppe wirklich nicht kochen!

Zutaten:

2 Handvoll Wildkräuterblätter

2 Tassen heißes Wasser (60 °C)

2 Esslöffel vegetarisches Suppenpulver

2 Esslöffel Bio-Butter, Ghee oder Kokosöl (Bioladen oder siehe Bezugsquelle)

1 Esslöffel Tamari-Sojasauce

Zwei Minuten:

Alle Zutaten pürieren und genießen! Zubereitungszeit: ca. zwei Minuten, schneller kann man eine Suppe wirklich nicht kochen!

Ernährungsprinzip:

Das Mixen der Blätter ersetzt den Kochvorgang, dadurch können die Nährstoffe in die Flüssigkeit geschwemmt und vom Darm leichter aufgenommen werden. Butter, Ghee und (kalt gepresstes) Kokosöl steigern die Assimilation der Mineralien und geben der Suppe einen angenehm sahnigen Geschmack. Der Körper profitiert von den gesättigten Fettsäuren dieser Fette, da sie die allgemeine Nährstoffaufnahme optimieren.

Suppen

Kalzium-Mineralien-Suppe

Diese Suppe ist ein wahres Kalzium-Elixier.

Zutaten:

4 Tassen Wasser mit 2 Esslöffeln Suppenbrühe kochen und 5 Min. abkühlen lassen

Zur abgekühlten Brühe werden folgende Zutaten hinzugefügt und in einem Standmixer püriert:

1 Tasse klein gehackte Giersch- oder Brennnesselblätter

1 Tasse Brokkoli-Röschen

½ Tasse Sesamsamen (über Nacht einweichen, aber nicht sprießen lassen!)

2 Esslöffel Miso-Paste

1 Esslöffel Senf

1 Esslöffel Curry

½ Teelöffel Pfeffer

Zum Schluss eingeweichte Wakame-Algenblätter hinzufügen

Ernährungsprinzip:

Diese Suppe ist ein wahres Kalzium-Elixier.

Die Zutaten Sesamsamen, Brokkoli, Wakame-Meeresalgen sowie Brennnesselblätter sind alle exzellente organische Kalziumspender. Damit können Sie sich problemlos von Milch verabschieden.

Diese Suppe ist ideal, um die Knochendichte wieder aufzubauen. Jeder Mensch ab 50 Jahren sollte für eine positive Kalziumbilanz sorgen.

Suppen

Japanische Wildkräuter-Suppe

Zutaten:

2 Handvoll Brennnesselblätter

1 Tasse heißes Wasser (um die 60 °C)

1 Esslöffel japanische Miso-Paste (Bioladen)

½ Zucchini

1 Stück Ingwer (daumengroß)

1 Teelöffel Tamari-Sojasauce

1 Esslöffel Genmai Su (Reiswein-Essig, Bioladen)

1 Teelöffel Mirin (japanisch, Bioladen)

1 Teelöffel Ume Su (japanisch, Bioladen)

1 Blatt Wakame-Meeresalgen (vorher für ca. 5 Min. in warmem Wasser einweichen)

Reich an Vitaminen:

Alle Zutaten pürieren.

Ernährungsprinzip:

Diese Suppe enthält eine fermentierte, probiotische Miso-Paste, die angeblich japanische Mönche in Nagasaki vor den Folgen der verheerenden Atomstrahlung geschützt hat. Die Gewürzsaucen Mirin, Ume Su und Genmai Su sind sauer vergoren, d. h. sie wirken probiotisch, ähnlich wie das Miso. Davon kann Ihre Darmflora sehr profitieren!

Suppen

Brennende Kichererbsen-Suppe

20 Minuten – sehr gehaltvoll

Zutaten:

1 Tasse gekeimte Kirchererbsen (über Nacht in Wasser einweichen, am nächsten Tag spülen, am 2. Tag beginnen die Erbsen zu keimen)

1 Tasse gehackte Brennnesseln, Giersch- oder Beinwellblätter oder Selleriestangen

½ rote Zwiebel, gehackt

1 Esslöffel Senf

2 Esslöffel Balsamico-Essig

1 Esslöffel Miso-Paste

2 Esslöffel Suppenpulver

½ Teelöffel Pfeffer

1 Teelöffel Curry

½ Teelöffel Koriander

Kochen und pürieren:

Die Kichererbsen-Sprossen zusammen mit den anderen Zutaten bis auf die Kräuterblätter und Miso-Paste für ca. 20 Minuten kochen. Wenn die Kichererbsen weich sind, werden die Wildkräuter mit der Miso-Paste hinzugefügt und in einem Mixer püriert.

Ernährungsprinzip:

Diese Suppe schmeckt nicht nur köstlich, sie enthält auch eine Reihe von interessanten Nährstoffen.

Sushi

Rohkost-Sellerie-Sushi

Die Sushi machen innerlich glücklich und zufrieden.

Zutaten:

¼ Sellerie-Knolle

1 Tasse gekeimtes Einkorn-Getreide oder Buchweizen (ca. 2 Tage mit Wasser einweichen und zwischendurch spülen)

1 Tasse eingeweichte oder gekeimte Sonnenblumenkerne

1 Avocado

2 Esslöffel geröstetes Sesamöl

4 Esslöffel Nährhefeflocken

1 Esslöffel Senf

1 Esslöffel Curry

¼ Teelöffel Muskatpulver

1 Esslöffel Tamari-Sojasauce

Saft einer ½ Zitrone

Nori-Blätter (Asienladen) zum Aufrollen der Sushi

Zubereitung:

Sellerie, Getreide und Sonnenblumenkerne mit dem Mixer oder Fleischwolf zerkleinern. Die anderen Zutaten in einem Standmixer cremig pürieren, bis eine Art Mayonnaise entsteht. Die Mayonnaise dann mit den anderen Zutaten mischen und mit Nori-Blättern aufrollen.

Die Algenblätter enthalten viel organisches Jod, welches in der heutigen Nahrung Mangelware ist. Deswegen gibt es so viele Menschen mit Schilddrüsenproblemen. Sellerie ist ein wunderbarer Spender von organischem Natrium, einem wichtigen Mineral für unsere Nervenleitungen. Die Hefeflocken liefern B-Vitamine und Chrom, das stabilisierend auf den Blutzuckerspiegel wirkt.

Nudeln

Zucchini-Spaghetti mit Frischkost-Tomatensauce

Schmeckt göttlich

Zutaten:

In Spiralen geschnittene Zucchini

4 Tassen gewürfelte Tomaten

1 Tasse getrocknete Tomaten

½ Avocado

2 Datteln

1 Knoblauchzehe

2 Esslöffel Balsamico-Essig oder ¼ Tasse Kombucha-Tee

1 Handvoll frisches Korianderkraut (Asienladen oder türkischer Gemüseladen) oder frischer Giersch (Wildkraut)

Die Sauce mixen:

Im Standmixer werden die Zutaten püriert und als Sauce für die Zucchini-Rohkost-Spaghetti verwendet! Diese Sauce schmeckt göttlich und muss nicht erhitzt werden.

Die fertigen Zucchini-Nudeln werden zusammen mit der Tomatensauce serviert, eine tolle Alternative zu glutenhaltigen Pasta!

Ernährungsprinzip:

Warum normale Tomatensauce ohne Enzyme verwenden? Eine Mischung aus frischen und getrockneten Tomaten lässt eine enzymhaltige Sauce entstehen, die sogar besser als eine konventionelle Sauce schmeckt. Enzymhaltige Nahrung hält uns jung und frisch.

Pasta schmecken ohne Sauce nach nichts. Warum diese langweiligen glutenhaltigen Nudeln essen, wenn es schmackhaftere Nudeln gibt?

Selbst Pasta-Anhänger werden von diesem Rohkostgericht begeistert sein.

Zucchini-Rohkost-Spaghetti:

Es hat sich herumgesprochen, dass glutenhaltige Nudeln das Zunehmen begünstigen können. Gluten kann die Darmwände verkleben und die Passagezeit im Darm deutlich verlangsamen.

Die deutsche Firma Lurch stellt ein Standgerät her, mit dem man „Nudeln“ aus Zucchini herstellen kann. Es gibt auch einen Hand-Spiralschneider (Waschbär-Versand). Als Alternative kann man die nährstoffhaltigen und kalorienarmen Kelp-Meeresalgen-Nudeln verwenden (siehe Bezugsquelle). Die Sauce wird über die Algen-Nudeln verteilt, die anschließend (wahlweise) zwei Stunden in einem Dörrgerät bei 40 °C erwärmt werden.

Nudeln

Kelp-Nudeln mit Kräutersauce

Zwei Stunden im Dörrgerät backen

Zutaten:

1 Packung Kelp-Nudeln in warmem Wasser für ca. 10 Minuten einweichen

Sauce:

2 Esslöffel Kürbiskernöl

2 Esslöffel Tamari-Sojasauce

¼ Tasse Nährhefeflocken (Bioladen)

¾ Tasse Cashewkerne

2 Esslöffel Zitronensaft

¾ Tasse Wasser

½ Teelöffel Pfeffer

1 Tasse frisches Korianderkraut, Rucola oder Petersilie

½ Tasse eingeweichter oder gekeimter Leinsamen

Ein ganz neuartiger Nudel-Geschmack:

Die Sauce mixen und über die Nudeln gießen. Dann werden die Nudeln für zwei Stunden in einem Dörrgerät bei 40 °C „gebacken" (wahlweise auch ohne Dörren).

Kelp-Nudeln werden aus Kelp-Meeresalgen hergestellt und sind eine Erfindung der amerikanischen Rohkost-Szene, der perfekte Ersatz für echte, glutenhaltige Nudeln (siehe Bezugsquelle): Sie sind nährstoffhaltig (Eiweiß, Polysaccharide, Ballaststoffe, organisches Jod), enthalten kaum Kalorien und haben den gleichen Biss wie echte Nudeln.

Glutenhaltige Nudeln können das Zunehmen begünstigen, indem sie die Darmwände verkleben und die Passagezeit im Darm deutlich verlangsamen. Es entsteht viel Stärke-Kleister.

Spritzige Tomatensauce

Das Geheimnis ist die Verwendung des Korianderkrauts.

Zutaten:

6 Tomaten

½ Tasse eingeweichte getrocknete Tomaten

1 Bund Korianderkraut

1 Teelöffel Currypulver

1 Teelöffel Paprikapulver

½ Avocado

2 Datteln

2 Handvoll Brennnesseln oder Spinat

2 Esslöffel Balsamico-Essig

½ Tasse eingeweichter oder gekeimter Leinsamen

Zutat zu Nudeln:

Alle Zutaten werden püriert und zu den Zucchini-„Nudeln" serviert.

Ernährungsprinzip:

Die Nudeln werden mithilfe eines Spiralschneiders hergestellt, welcher die Zucchini in feine Fäden verwandelt (siehe Bezugsquellen). Die Zucchini sehen fast wie echte Nudeln aus! Auch für die Kelp-Nudeln kann man diese Sauce verwenden. „Trick 17": Etwas Rote-Bete-Pulver beimischen, dann wird die Sauce rötlicher.

Keine andere Tomatensauce schmeckt mir so gut.

Saucen

Wilde Tomatensauce

Diese Tomatensauce ist in wenigen Minuten fertig.

Zutaten:

1 Handvoll Wildkräuter (Giersch, Brennnesseln, Löwenzahn, Spitzwegerich)

4 eingeweichte, getrocknete Tomaten

4 frische Tomaten

1 Esslöffel Pizza-Gewürze wie Oregano und Basilikum

1 Teelöffel Paprika

1 Esslöffel Balsamico-Essig

1 getrocknete Feige

Zutat zu Nudeln:

Alle Zutaten werden püriert. Am liebsten gieße ich die Sauce über die Zucchini-„Nudeln".

Zusammen mit den Kelp-Nudeln entsteht eine starke Kombination: Wildkräuter, die auf dem Land, und Meeresalgen, die auf dem Meeresboden wachsen. Von dieser Nährstofffülle werden Ihr Immunsystem und Ihr Stoffwechsel profitieren.

Diese Nährstoffe wird man im Supermarkt kaum finden.

Quinoa-Sonnenblumen-Porridge

Mixen und anwärmen

Zutaten:

½ Tasse Quinoa-Quark (s. Rezept S. 18)

¼ Tasse gekeimte Sonnenblumenkerne (24 Stunden)

½ Tasse Kokos-Chips bzw. -raspel

1 Teelöffel Zimt

1 Tasse Reismilch

8 Datteln (oder getrocknete Mangostücke)

Zubereitung:

Im Standmixer alle Zutaten pürieren und nach Geschmack mit einer kleinen Menge Bio-Kokosmus (siehe Bezugsquelle) oder geschlagener Sahne und Beeren essen. Der Porridge kann leicht angewärmt gegessen werden.

Ernährungsprinzip:

Die Sprossen enthalten viele wichtige Enzyme und Biophotonen. Der Porridge ist ein guter Eiweiß-Spender.

Pfannkuchen

Quinoa-Pfannkuchen

Pürieren und braten. Unser Brotersatz!

Zutaten:

1 Tasse Quinoa-Sprossen oder Quinoa-Quark (s. Rezept S.18)

½ Teelöffel Ayurveda-Steinsalz oder Meersalz

½ Tasse Reismilch oder Kokosmilch

1 Eiweiß (Bio-Ei) oder 4 Esslöffel eingeweichter Leinsamen

1 Teelöffel Zimt

2 Handvoll Wildkräuter wie Brennnesseln

2 Esslöffel eingeweichter Leinsamen

Pürieren, braten – oder dörren:

In einem Mixer alle Zutaten pürieren. In einer mit Ghee (geklärte Ayurveda-Butter) geölten Pfanne bei möglichst niedriger Temperatur braten. Wenn Sie mehr Zeit haben, ist es auch möglich, die Pfannkuchen in einem Dörrgerät zu trocknen (ca. acht bis zehn Stunden), damit bleiben auch die wertvollen Enzyme erhalten.

Der Drang nach Brot kann sogar manchen überzeugten Rohköstler verrückt machen, vor allem bei der Umstellung von Kochkost auf eine Vitalkost-Ernährungsweise.

Besonders in Stress-Situationen kann der Körper nach Brot und gekochten Getreidegerichten lechzen. Brot hat aber den Nachteil, dass es Gluten-Klebereiweiß enthält.

Pfannkuchen

Chia-Quinoa-Brennnessel-Pfannkuchen

Alle Zutaten mixen, auf einem geölten Blech verteilen und bei 160 °C für 30 Min. backen.

Zutaten:

1 Tasse Quinoa-Sprossen (die Keime werden am nächsten Tag sichtbar)

2 Tassen Brennnesselblätter; Pflanzen mit Samen oder Blüten können auch verwendet werden

4 Esslöffel Chia-Samen

2 Tassen Reismilch

Zutaten Belag:

4 Äpfel

½ Tasse Rosinen

Saft einer ½ Zitrone

1 Tasse gefrorene Himbeeren

5 EL Agavendicksaft

Ernährungsprinzip:

Um die richtige Konsistenz zu erreichen, kann man entweder mehr Chia-Samen oder Reismilch hinzufügen.

Alle Zutaten mixen, auf einem geölten Blech verteilen und bei 160 °C für 30 Min. backen.

Belag:

Alle Zutaten werden mit einer Küchenmaschine klein gehackt, aber nicht püriert, und als Topping verwendet.

Tipp:

Man kann einen Vorrat an diesen Pfannkuchen herstellen und anstelle von Brot einsetzen.

Chia-Samen

Chia-Samen stammen ursprünglich aus Mexiko und dienten dort den Langstreckenläufern als eine verlässliche Energiequelle. Sie enthalten wertvolle Nährstoffe und ungesättigte Fettsäuren in einem optimalen Verhältnis von Omega 3 zu 6. Die Samen quellen stark auf und bilden Schleimstoffe, die die Verwendung von Eiern bei diesem Rezept überflüssig machen. Diese Schleimstoffe sind deshalb so wertvoll, weil sie in der Lage sind, eine Vata-Störung auszugleichen. Die meisten Menschen sind aufgrund von Stress, Schlafentzug, Autofahren, mangelnden Nährstoffen und der Einnahme von Medikamenten, Hormonen, Toxinen, Fertigessen und Fastfood Vata-gestört. Diese Störung versuchen wir in unserem Behandlungszentrum immer zuerst zu korrigieren.

Quinoa

Quinoa wurde als das Gold der Inkas beschrieben. Sein tolles Eiweißprofil kann dem Körper alle benötigten Aminosäuren liefern. Bei Weizen und Mais fehlen ein paar essenzielle Aminosäuren, weshalb die Mexikaner ihre Tortillas zusammen mit Bohnen essen. Erst dann kommen sie in den Genuss eines Gerichts, welches alle essenziellen Aminosäuren enthält.

Die Quinoa-Samen besitzen den Vorteil, dass sie über Nacht zum Keimen kommen und auch kein Gluten enthalten. Im Darmtrakt provozieren sie so gut wie keine allergischen Reaktionen.

Die Brennnessel ist die Königin der Wildkräuter und für Pfannkuchen geradezu optimal, weil sie keinen bitteren Nachgeschmack hat.

Fügt man alle Zutaten hinzu, erhält man eine tolle Grundlage für heilkräftige und nährstoffreiche Pfannkuchen, die glutenhaltiges Brot überflüssig machen. Durch die Verwendung der Quinoa-Samen braucht man keine Eier.

Die Brennnessel verleiht dem Menschen Kraft und Stärke. Ihr enormer Gehalt an Serotonin, einem natürlichen Neurotransmitter, steigert unser Glückspotenzial und macht uns zu fröhlichen Menschen, egal wie viele seelische Wunden noch in uns stecken.

Pfannkuchen

Deftige Pfannkuchen

Alle Zutaten mixen und bei 160 °C für 30 Min. backen

Zutaten wie bei Quinoa-Pfannkuchen, plus:

Anstelle von Reismilch werden Wasser und die folgenden Gewürze eingesetzt:

2 Esslöffel italienische Gewürze (ein Mix aus Thymian, Basilikum, Oregano etc.)

1 Esslöffel vegetarisches Suppenbrühe-Pulver

1 Teelöffel Asafoetida (Asienladen)

½ Teelöffel Paprika-Pulver

1 Esslöffel Vata Churna (ayurvedische Gewürzmischung der Firma MTC) oder Curry-Pulver

2 Esslöffel eingeweichter Leinsamen

Ernährungsprinzip:

Diesen Pfannkuchen kann man ohne Belag aufheben und auch als Brotersatz verwenden. Je weniger Gluten man isst, desto besser wird der Darm funktionieren. Die Passagezeit wird ohne Gluten-Kleister erheblich schneller. Bei der Reinigung der Darmwände wirken die Brennnesseln wie ein Besen.

Quinoa, Chia-Samen und auch Brennnesseln besitzen alle ein vollständiges Eiweiß-Profil. Dies kann man von Brot und Nudeln nicht behaupten; bei ihnen fehlen einzelne Aminosäuren. Deswegen wird Brot in der Regel mit Käse oder Wurst gegessen, ohne einen entsprechenden Belag wird man nicht satt.

Sprossen-Müsli

Buchweizen über Nacht einweichen

Zutaten:

1 Tasse Buchweizen

½ Tasse Sonnenblumenkerne

½ Tasse Kokos-Chips bzw. -raspel

½ Tasse Rosinen

½ Tasse Goji-Beeren (nach Geschmack, Firma Orkos)

1 Esslöffel Zimt

½ Tasse getrocknete Feigen oder Aprikosen, klein geschnitten

Mit Reis- oder Mandelmilch servieren

Energiereich:

Die folgenden Samen werden zum Sprießen gebracht: Buchweizen und Sonnenblumenkerne.

Der Buchweizen wird über Nacht eingeweicht und am nächsten Tag gespült. Am zweiten Tag sind die Sprossen fertig und werden getrocknet, entweder auf der Heizung, in der Sonne oder im Dörrgerät.

Durch die Sprossen enthält dieses Rohkost-Müsli viel heilkräftige Energie.

Ernährungsprinzip:

Durch den Sprießvorgang explodiert der Vitamingehalt, die Verträglichkeit der Samen wird dadurch verbessert. Dieses Müsli enthält kein Gluten. Es sättigt viel besser als normale Müslis.

Käse

Cashew-Käse

Leicht hergestellt, aber Zeit für die Fermentierung des Käses berücksichtigen

Zutaten:

2 Tassen Cashewkerne

1 Teelöffel Meersalz

2 Esslöffel Zitronensaft

2 Tassen Wasser

Zubereitung:

Die Zutaten werden im Mixer püriert. Anschließend lässt man den Behälter an einem warmen Platz stehen, damit der Käse leicht fermentieren kann. Er bekommt dadurch einen leicht säuerlichen Geschmack. Danach im Kühlschrank aufbewahren. Schmeckt toll als Dip für Gurkenscheiben und Cracker.

Laut Ayurveda kann Käse aus Kuhmilch den Körper stark verschlacken. Das kann sogar bis zum Asthma bronchiale führen. Mein Vater konnte seine asthmatischen Symptome durch das Weglassen von Milchprodukten überwinden. Als Alternative kann man Cashew-Käse machen, er schmeckt sogar besser als Streichkäse und man ist am nächsten Tag nicht total verschleimt!

Creme

Rote Zauber-Creme

Mineralstoffreich

Zutaten:

1 große Rote Rübe (gebürstet)

½ Handvoll Sonnenblumenkerne, gekeimt

½ Handvoll geröstete Kürbiskerne

¾ Tasse getrocknete Tomaten

3 Esslöffel Olivenöl

4 Esslöffel Kombucha-Tee oder Apfelessig

1 Esslöffel Tamari-Sojasauce

4 Esslöffel Brennnesselsamen (siehe Bezugsquelle)

1 Esslöffel Provence-Kräuter

Nur noch mixen!

Alle Zutaten mixen und genießen!

Rote Rüben (Bete) gelten als sehr heilkräftig. In diesem Rezept kommen die Heilkräfte der Brennnesselsamen hinzu.

Die Rote Rübe ist ein Wintergemüse mit einem hohen Gehalt an Mineralstoffen wie Kalzium und Magnesium sowie wichtigen Vitaminen wie Folsäure. Die volle Kraft erhält man nur durch die ungekochte, frische Rübe.

Der hohe Anteil an Folsäure verstärkt die Bildung von roten Blutkörperchen und hilft gegen Anämie oder Blutarmut.

Ernährungsprinzip:

Bereits eine Portion von 200 Gramm der Roten Bete am Tag deckt 50 Prozent unseres Bedarfs an Folsäure. Wenn man die Bete kocht, wird dieses Vitamin fast vollständig zerstört.

Brennnesselsamen enthalten die gesamte Heilkraft der Brenn-

nessel in Samenform. Die Samen können auf Uterus und Prostata heilkräftig wirken. Auch das Haarwachstum wird durch die Samen gefördert.

Dip

Tahin-Miso-Sauce

Schnell gemixt

Zutaten:

¼ Tasse Wasser

2 Esslöffel Miso-Paste

⅓ Tasse Tahin-Sesammus (Bioladen)

1 Teelöffel Zitronensaft

2 Esslöffel Petersilie, klein geschnitten

1 Esslöffel Nährhefeflocken (Bioladen)

Alles pürieren

Diese nährstoffhaltige Sauce schmeckt ausgezeichnet und kann überall eingesetzt werden. Ich esse sie gerne als Dip zu Selleriestangen.

Alle Zutaten pürieren und genießen!

Ernährungsprinzip:

Miso-Paste ist ein probiotisch fermentiertes Sojaprodukt, welches vom Darmtrakt leicht assimiliert wird. Sie ist ein Grundnahrungsmittel der Japaner und vielleicht einer der Gründe, warum diese so langlebig sind. Tahin enthält, wie Miso, reichlich Eiweiß, wertvolle Fettsäuren und viel Zink und Kalzium. Die Hefeflocken sind ein guter Spender von B-Vitaminen.

Salatsauce

Fettfreies Rohkost-Zwiebel-Salatdressing

Schnell gemixt

Zutaten:

½ Tasse Kombucha-Tee oder Apfelessig

½ geschälte Gurke, klein geschnitten

1 Knoblauchzehe

1 gehackte gelbe Zwiebel

4 kleine frische oder getrocknete Feigen

1 Esslöffel Tamari-Sojasauce

½ Teelöffel Pfeffer

Frischer Geschmack:

Diese Sauce kann gemixt und in einer kleinen Flasche aufgehoben werden. Sie schmeckt überragend und Sie werden das fehlende Öl nicht vermissen!

Alle Zutaten mixen und als Dressing für einen knackigen Salat verwenden.

Pesto

Wildkräuter-Pesto

**Schnell zubereitet.
Besser und günstiger als im Supermarkt**

Zutaten:

4 Tassen Wildkräuterblätter wie Bärlauch, Giersch, Gundermann, Brennnessel, Sauerampfer, Spitzwegerich, Taubnessel, Knoblauchsrauke etc.

5 Esslöffel Kürbiskernöl

¼ Teelöffel Meersalz

¼ Tasse Pinienkerne oder eingeweichte Sonnenblumenkerne

¼ Tasse Wasser

½ Zwiebel

2 Knoblauchzehen

Fein mixen:

Alle Zutaten in einem Minimixer pürieren, bis eine Paste entsteht.

Quiche

Wildkräuter-Quiche

Relativ schnell zubereitet

Zutaten:

4 Handvoll Giersch-, Löwenzahn-, Knoblauchsrauken-, Brennnesselblätter etc. (alternativ: grünes Blattgemüse wie Spinat, Mangold, Petersilie oder Grünkohl)

1 Tasse Mungbohnen-Sprossen

1 Tasse eingeweichte Sonnenblumenkerne

2 EL Kürbiskernöl oder Olivenöl

1 Teelöffel Curry

½ Teelöffel Koriander

½ Teelöffel Kreuzkümmel (Cumin)

½ Tasse Tomatenmark

½ Teelöffel Pfeffer

3 Esslöffel Hefeflocken (Bioladen)

1 Esslöffel Sojasauce

2 Tassen Wasser

Standmixer und Ofen

Alle Zutaten in einem Standmixer pürieren und in eine geölte Form hineingeben.
Bei 180 °C für 30 Minuten im Backofen backen.

Ernährungsprinzip:

Mungbohnen-Sprossen enthalten ca. 20 Prozent Eiweiß und sind seit Tausenden von Jahren eine Lieblingsspeise der Chinesen. Die Wildkräuter enthalten viele sekundäre Pflanzenstoffe, Chlorophyll, Bitterstoffe, Vitamine und ca. sechs bis neun Prozent hochwertiges pflanzliches Eiweiß. Sie sind außerdem eine ausgezeichnete Quelle für organisches Kalzium. Damit stärken Sie Ihre Zähne und Ihr Knochengerüst!

Brot

Französisches Zwiebelbrot

Meine Schwiegermutter ist von dem „Zwiebelbrot" total begeistert. Es schmeckt ihr besser als das beste Brot aus dem Bioladen!

Zutaten:

⅔ Tasse Sonnenblumenkerne, gekeimt

⅔ Tasse Buchweizen, gekeimt

⅔ Tasse Leinsamen, zu Mehl gemahlen

8 mittelgroße Zwiebeln, klein geschnitten

¼ Tasse Tamari-Sojasauce

¼ Tasse Olivenöl

Zubereitung:

Mit einem Mixer wird der Leinsamen zu Mehl gemahlen. Zwiebeln klein schneiden, mit Sojasauce und Olivenöl pürieren. Dann Leinsamenmehl und Sprossen dazugeben und alles pürieren. Eventuell etwas Wasser hinzufügen. Den Teig auf Backpapier oder Backfolien verteilen und über Nacht bei 40 °C im Dörrgerät trocknen lassen. Dieses „Zwiebelbrot" ist der perfekte Brotersatz! Auch Ihre Freunde werden davon begeistert sein.

Mit diesem Rezept konnte mein Vater seine Brotsucht überwinden. Kurz darauf verschwanden seine Gelenkschmerzen, sein Körper wurde beweglicher, flexibler und leichter. Heute, mit fast 90 Jahren, freut er sich über einen schmerzfreien Körper.

Kräuter-wanderungen mit Dr. Switzer

Lernen Sie, Kräuter zu erkennen und sich selbst mit frischen Kräutern zu versorgen!

Von der überragenden Vitalität der Wildkräuter kann heute jeder profitieren. Sie sind bestens verträglich und können unser Immunsystem und unseren Stoffwechsel beleben und unterstützen. Sie bauen einen wichtigen Schutzwall gegen den Angriff von freien Radikalen auf und können somit die Entstehung von degenerativen Krankheiten verhindern. Auf den Wanderungen mit Dr. Switzer erlernen Sie die Grundlagen im Umgang mit Wildkräutern.

Brot

Russisches Wildkräuter-Sprossen-Brot

Im Nährstoffgehalt ist dieses Brot unübertroffen.

Zutaten:

100 g Buchweizen

100 g Quinoa-Samen

Die Samen werden über Nacht eingeweicht, am nächsten Tag gespült, am 2. Tag dürften die ersten Sprossen sichtbar sein.

100 g Brennnesseln oder die Blätter und Samen der wilden Melde

1 Eiweiß von einem Bio-Ei (alternativ: ½ Tasse eingeweichter Leinsamen)

250 ml Reismilch

½ Teelöffel Salz

Ernährungsprinzip:

Alle Zutaten pürieren, daraus einen Laib formen und bei 160 °C für 40 Min. im Ofen backen.

Getreidesprossen werden mit Wildkräutern wie Brennnesseln oder der wilden Melde kombiniert. Danach wird das Brot im Ofen gebacken. Dieses Rezept war immer ein Hit bei meinen Seminaren. Die Samen der wilden Melde sind einfach köstlich. Russische Bauern haben sie beim Backen von Brot verwendet, vor allem wenn die Ernte schlecht ausgefallen war und das Getreide „gestreckt" werden musste.

Tipp:

Man sollte die wilde Melde unbedingt kennenlernen. Bei meinen

Kräuterwanderungen lege ich immer große Betonung auf diese Pflanze. Man gewinnt durch die Kenntnis dieser Pflanze ein Stück Unabhängigkeit von der Industrie.

Ernährungsprinzip:

Die Samen sind glutenfrei und durch den Sprießvorgang wird die Phytinsäure (enthalten in allen Getreiden und Saaten) abgebaut. Phytinsäure kann die Mineralienaufnahme im Darm hemmen. Brennnessel und Melde sind Wildkräuter, die man gut zum Backen verwenden kann; sie geben Teigwaren eine angenehme Geschmacksnote und enthalten nicht so viele Bitterstoffe wie der Löwenzahn.
Mit diesem Brotrezept kann jeder den Sprung weg von Gluten locker schaffen. Das Brot schmeckt einfach herrlich, vor allem wenn es mit Butter und Honig bestrichen wird. Auch mit Tomaten, Avocado und Basilikumblättern könnte man es gut essen.

Durch die Umstellung auf dieses glutenfreie Brot wird man eine bessere Sättigung, einen stabilen Blutzucker und eine schnellere Darmpassage erfahren. Das wird das Abnehmen begünstigen.

Tipp:

Die Melde wächst vor allem in landwirtschaftlichen Gebieten, wo die Erde umgegraben wurde. In Mallorca ist sie mein Grundnahrungsmittel; fast täglich verwende ich sie für meinen Cocktail. Selbst im heißen August kann ich die Pflanze auf der Insel finden. Indianer haben die äußerst schmackhaften Samen auch gerne gegessen. Jemand, der die Melde kennt, wird niemals verhungern. In einer Zeit, in der Getreide aus Genpflanzen die Qualität unserer Nahrung bedroht, bieten die Samen der wilden Melde eine rettende Alternative zu den wachsenden Gefahren für unsere Gesundheit.

Leinsamen-Pizza

Ohne Geschmacksverstärker. Über Nacht im Dörrgerät trocknen lassen

Zutaten:

2/3 Tasse Leinsamen, mit Wasser eingeweicht

1 Karotte

½ Zwiebel

1 Stange Sellerie

3 Knoblauchzehen

1 Esslöffel Pizzagewürz oder eine Mischung aus Basilikum und Oregano

5 getrocknete Tomaten

2 frische Tomaten mittlerer Größe

½ rote Paprika

2 Esslöffel Olivenöl

1 Teelöffel Balsamico-Essig

½ Esslöffel Honig

1½ Tassen Wasser

Aufwendig – aber lecker:

Um die richtige Konsistenz zu erreichen, kann man nach Geschmack etwas Leinsamenmehl hinzufügen.

Alle Zutaten werden in einem Standmixer püriert. Kleine runde Pizzen werden mit einem Löffel auf dem Backpapier geformt. Bei 40 °C über Nacht im Dörrgerät trocknen lassen, dann umdrehen und für weitere sechs Stunden oder nach Geschmack auch länger trocknen, bis die Pizzen fertig sind. Diese kleinen Rohkost-Mini-Pizzen erinnern stark an den Geschmack von herkömmlichen Pizzen. Sie schmecken nicht nur ausgezeichnet, sie enthalten auch viele gesunde Zutaten. Mit diesem Gericht kann man ohne Weiteres auf eine glutenhaltige Pizza samt Glutamat verzichten.

Wrap

Leinsamen-Paprika-Wrap

Ein „Wrap" ist wie ein mexikanisches Tortilla, ein toller Ersatz für Brot.

Zutaten:

2 Tassen gekeimter Leinsamen (Leinsamen wird für drei Tage in Wasser eingeweicht, während dieser Zeit muss das Wasser nicht ausgetauscht werden)

5 rote Paprika

4 Tassen (oder mehr) Wasser

Ernährungsprinzip:

Paprika und Wasser erst im Mixer pürieren, danach die Leinsamen-Sprossen hinzugeben. So viel Wasser verwenden, bis die Samen püriert sind. Das funktioniert am besten durch den Einsatz eines Industrie-Mixers.

Die pürierte Masse auf Backpapier oder Backfolie dünn verteilen, im Dörrgerät bei 40 °C trocknen und dann in großen Stücken abziehen.

Ein „Wrap" ersetzt ein Sandwich, die Zutaten können darin aufgerollt werden!

Man kann es mit verschiedenen Inhalten füllen: Paprikastreifen, Möhren, (Essig-)Gurken, Avocadostreifen, Sprossen, Cashew-Käse, Guacamole etc.

Cracker

Leinsamen-Sprossen-Cracker

Drei Tage Vorbereitungszeit. Als Brotersatz geeignet

Zutaten:

2 Tassen gekeimter Leinsamen

1 Tasse getrocknete Tomaten, die man vorher eingeweicht und abgespült hat

1 Teelöffel Paprika-Pulver

1 Teelöffel Kräuter der Provence

½ Tasse Brennnesselsamen (nach Geschmack)

3 Tassen Wasser

Ernährungsprinzip:

Zwei Tassen Leinsamen werden in ein Gefäß gegeben und mit Wasser bedeckt. Nach drei Tagen an einem zimmerwarmen Ort, ohne die Samen während dieser Zeit zu spülen, kann man die ersten Sprossen erkennen.

Alle Zutaten werden püriert und auf Backpapier oder Backfolie auf den Gittern des Dörrgeräts ausgestrichen (beim Stöckli-Gerät am Rand der Gitter mindestens 2 cm frei lassen, damit die Luft zirkulieren kann).

Bei 40 °C ca. 8 Stunden in einem Dörrgerät trocknen, umdrehen und für weitere 6 Stunden trocknen. Vorsicht: Bei über 40 °C gehen sämtliche Enzyme verloren!

Wissenswertes zu diesem Rezept: Brot enthält Gluten, ein Klebereiweiß, welches die Darmschleimhäute verkleben kann. Gluten kann den Stoffaustausch über die Darmwände beeinträchtigen. Brot, wie Nudeln, provoziert die Ausschüttung von viel Insulin. Die Folgen können Entzündungen und Gewichtszunahme sein. Auf Dauer kann eine überschießende Insulin-Ausschüttung zu Altersdiabetes führen!

Lösung: Eliminieren oder reduzieren Sie den Verzehr von glutenhaltigen Produkten wie Brot und Nudeln und Sie werden eine körperliche Leichtigkeit erfahren, die Sie kaum erträumt hätten! Meine Frau liebt diese Cracker, weil sie damit ihren Brotkonsum reduzieren konnte. Brot macht träge und schwer, die Cracker schenken das Gefühl von Beschwingtheit und Leichtigkeit. Sie führen zu einer beschleunigten Passagezeit im Darm und unterstützen das Abnehmen. Sie sind der beste Ersatz für Brot.

Für dieses Rezept braucht man allerdings ein Dörrgerät. Es ist ab ca. 140,00 € zu haben (siehe Bezugsquelle). Als Alternative könnte man die Cracker über der Heizung oder sogar unter der heißen Sommersonne trocknen. Dörren ist nichts anderes als rohköstliches Backen. Damit bleiben die Nährstoffe und Enzyme erhalten.

Leinsamen-Pflanze

Durch das Sprießen des Leinsamens werden Nährstoffe wie Vitamine und Enzyme förmlich explodieren. Warum teure Enzym-Präparate in der Apotheke kaufen, wenn man die Samen sprießen lassen kann? Wie sagte Pfarrer Kneipp so schön: „Um Brotgicht (Arthritis, Arthrose) zu kurieren, sollte man anstelle von Brot Giersch (ein Wildkraut) essen und die Gelenkschmerzen werden verschwinden!"

Grünkohl-Chips

Im Dörrgerät acht Stunden trocknen

Zutaten:

¼ Tasse Tamari-Sojasauce

½ Tasse Tahin-Sesammus (Bioladen)

2 Tassen Quinoa-Quark (s. Rezept S. 18)

1 Esslöffel Curry

1 Tasse Wasser

1 Zwiebel

2 Knoblauchzehen

Saft einer Zitrone

¼ Tasse Nährhefeflocken (Bioladen)

Für zwischendurch:

Klein geschnittene Grünkohlblätter ohne Stiel werden mit einer Tahin-Sauce in einer Schüssel vermischt und dann getrocknet.

Als Alternative kann man auch Wirsingblätter verwenden.

Alle Zutaten außer den Grünkohlblättern werden in einem Mixer püriert und anschließend mit den geschnittenen Grünkohlblättern vermischt.

Die Grünkohlblätter werden auf Backpapier oder Backfolie in einem Dörrgerät bei 40 °C für ca. acht Stunden getrocknet, dann gewendet und für weitere sechs Stunden getrocknet. Das Ergebnis sind die knackigen Chips.

„Geröstete" Sonnenblumen-kerne

Zwei Tage Vorbereitungszeit

Zutaten:

2 Tassen Sonnenblumenkerne

Tamari-Sojasauce

Ernährungsprinzip:

Zwei Tassen Sonnenblumenkerne werden zuerst zum Sprießen gebracht. Über Nacht einweichen, dann am nächsten Tag spülen, am zweiten Tag sind die Keimlinge fertig.

Die Keimlinge werden in ein Dörrgerät gegeben und mit etwas Tamari-Sojasauce besprüht. Hier eignet sich am besten eine kleine Sprayflasche, die man mit der Sojasauce befüllen kann. Ca. 12 Stunden bei 40 °C trocknen oder in die Sonne stellen und die Sonnenblumenkerne sind fertig.

Durch den Sprießvorgang explodiert der Gehalt an Vitaminen und Enzymen förmlich. Gleichzeitig wird Phytinsäure abgebaut. Das ist wichtig, damit die Phytinsäure die Resorption von Mineralien und Spurenelementen wie Zink nicht blockiert. Das Trocknen bei 40 °C schont die Enzyme. Eine Temperatur über 40 °C würde sie sonst vernichten. Man kann die schmackhaften Kerne als Snack oder als Beigabe zu Suppen verwenden. Im Magen hinterlassen sie ein leichtes Gefühl, im Gegensatz zu den schweren gerösteten Nüssen.

Knabbereien

Blumenkohl-Popcorn

Im Dörrgerät drei bis vier Stunden trocknen

Zutaten:

2 Tassen Blumenkohl, klein geschnitten

Folgende Zutaten in einem Mixer mixen:

¼ Tasse Tamari-Sojasauce

¼ Tasse Nährhefeflocken

Saft einer halben Zitrone

½ Teelöffel Cayenne-Pfeffer

½ Teelöffel Paprika-Pulver

½ Teelöffel Pfeffer

Ernährungsprinzip:

Blumenkohl mit einem scharfen Messer ganz fein schneiden. Alle anderen Zutaten in einem Mixer pürieren und mit dem Blumenkohl vermischen. In einem Dörrgerät bei 40 °C für drei bis vier Stunden trocknen lassen.

Nährhefe enthält viele Nährstoffe wie B-Vitamine, Chrom und Zink. Blumenkohl ist ein heilkräftiges, kalziumhaltiges Gemüse, welches vor Krebs schützen soll. Weil er nicht gekocht wird, bleiben die Enzyme erhalten. Ein leckerer Snack für zwischendurch.

Knabbereien

Enzymhaltiges Studentenfutter

Zwei Tage Vorbereitungszeit

Zutaten:

2 Tassen Sonnenblumenkerne

Meersalz

Rosinen

Sehr enzymhaltig:

Erst lässt man Sonnenblumenkerne sprießen. Dauer: zwei Tage. Danach legt man die Kerne in die Sonne oder auf den Rost eines Dörrgeräts, um sie zu trocknen.

Sie werden mit etwas Meersalz gesalzen und mit Rosinen gemischt. Ein toller enzymhaltiger Snack!

Ernährungsprinzip:

Sonnenblumenkerne enthalten wie auch Kürbiskerne viele wertvolle essenzielle Fettsäuren und auch organisches Zink. Über 300 Enzyme sind auf Zink angewiesen. Fehlt dieses Spurenelement, läuft der Stoffwechsel langsamer. Fast jeder leidet heute unter einem Zinkmangel.

Mango Supreme

Im Sommer ein Traum

Zutaten:

2 Handvoll Spinat oder Gierschblätter

1 Bund Petersilie

2 Blutorangen

1 reife Mango

1 Tasse Wasser

Zubereitung:

Alle Zutaten pürieren und genießen!

Sellerie-Kiwi-Traum

Zutaten:

4 reife Kiwifrüchte

4 Selleriestangen

½ Tasse Cashewkerne

1 Teelöffel Zimt

2 Tassen Wasser

Zubereitung:

Alle Zutaten pürieren und genießen!

Kiwis gehören zur Familie der Beeren. Sie enthalten viele Antioxidantien, ähnlich wie andere Beeren.

Kiwis wirken auf den Blutzucker nicht destabilisierend wie viele andere Fruchtsorten. Sie sind auch besser mineralisiert als süße Hybridfrüchte wie Bananen oder Orangen.

Selleriestangen enthalten viel organisches Natrium, das auf die Nerven entspannend wirkt. Wenn die Nerven blank liegen, gibt es kein besseres Beruhigungs- oder Schlafmittel.

Eiscreme

Cashew-Eiscreme

Wie Vanille-Eis!

Zutaten:

Cashew-Kerne

2 gefrorene Bananen oder
2 Tassen gefrorene Himbeeren oder Heidelbeeren

½ Teelöffel Vanille-Konzentrat

1 Tasse Reis- oder Mandelmilch

½ Tasse Kokos-Chips bzw. Kokosraspel

4 Datteln

Zubereitung:

Dieses Eis-Dessert ist mindestens so schmackhaft wie echtes Vanille-Eis! Klingt unglaublich, aber es ist wahr. Überzeugen Sie sich selbst!

In einem Mixer pürieren und ohne schlechtes Gewissen und Schleimbildung genießen!

Ernährungsprinzip:

Mit diesem Rezept ist es mir gelungen, meinen 83-jährigen Vater von herkömmlichem Eis wegzulocken. Hätte er herkömmliches Eis weitergegessen, wäre ein Schlaganfall so gut wie sicher gewesen.

Kuchen

Roher Apfelstrudel

Schmackhaft und delikat

Apfel-Wrap:

Mixerbehälter mit klein geschnittenen Äpfeln füllen, anschließend mit Wasser ein Drittel auffüllen, danach auf Backpapier oder Backfolie im Dörrgerät dünn ausbreiten und bei 40 °C für ca. 12 Stunden trocknen lassen.

Füllung:

4 Äpfel, geviertelt

1/3 Tasse Rosinen oder Datteln

Saft einer Zitrone

1 Esslöffel Zimt

4 Esslöffel Mandelmus

Benötigt Vorbereitung:

Die Äpfel inklusive Kerne klein schneiden, in einem Mixer mit Wasser pürieren und auf Backpapier oder Backfolie ausbreiten. Im Dörrgerät über Nacht bei 40 °C trocknen lassen. Am nächsten Tag entsteht eine Art Tortilla aus Äpfeln, auf Englisch wird das als „Wrap" bezeichnet. Mit dem Wrap wird der Apfelstrudel „eingekleidet".

In einem Mixer oder einer Küchenmaschine wird die Apfel-Füllung klein gehackt, aber nicht püriert. Die Wraps werden damit gefüllt, ähnlich wie bei Sushi.

Mixerbehälter mit klein geschnittenen Äpfeln füllen, anschließend mit Wasser ein Drittel auffüllen, danach auf Backpapier im Dörrgerat dünn ausbreiten und bei 40 °C für ca. zwölf Stunden trocknen lassen.

Irinas Schoko-Rohkost-Kuchen

Geheimrezept für Leckermäuler

Kuchenboden:

 250 g Walnüsse oder Paranüsse

 4 Esslöffel Agavendicksaft

Belag:

 250 g Cashewkerne

 120 bis 180 g rohe Kakaobutter

 30 g rohe Kakao-Nibs (zerkleinerte rohe Kakaobohnen)

 1 Esslöffel Mesquite-Pulver (siehe Bezugsquelle)

 1 Esslöffel Lucuma-Pulver (siehe Bezugsquelle)

 30 g rohes Kakaopulver

 1 Teelöffel Vanille-Pulver

 10 Esslöffel Agavendicksaft (je nach Geschmack)

 450 ml Reismilch

 1 Beutel Bio-Gelatine vom Bioladen in ¾ Tasse Wasser auflösen und dann heiß machen (nicht kochen)

 5 Esslöffel Karamellsirup der Firma Gepa hinzugeben

Mit Liebe und Geduld

Dieser Kuchen stößt immer auf Begeisterung. Die Nüsse werden in einem Mixer fein gemahlen oder zusammen mit dem Agavendicksaft gemixt. Die Masse wird dann in eine gefettete Springform als Kuchenboden hineingedrückt.

Alle Zutaten, bis auf die Gelatine, in einem Mixer fein mixen bzw. pürieren. Ganz zum Schluss rührt man die Gelatinemischung hinein. Die Masse wird dann über den Kuchenboden verteilt. Der Kuchen kommt in den Kühlschrank, bis er eine feste Konsistenz erhält. Er kann auch tiefgefroren werden, vorher bitte die Kuchenstücke einzeln portionieren.

Müsli-Plätzchen

Zwölf Stunden trocknen

Zutaten:

2/3 Tasse Buchweizen, über Nacht eingeweicht

2/3 Tasse Leinsamen, über Nacht eingeweicht

½ Teelöffel Piment

1 Teelöffel Zimt

2/3 Tasse Rosinen

½ Tasse Sonnenblumenkerne, über Nacht eingeweicht

5 Trockenfeigen

4 Esslöffel Butter

1 Esslöffel Maca-Pulver (nach Geschmack)

2 Tassen Reis- oder Mandelmilch

Zur Teestunde

Alle Zutaten bis auf die ½ Tasse eingeweichter Leinsamen und die Rosinen pürieren. Zum Schluss den restlichen Leinsamen und die Rosinen in den Teig einrühren. Auf Backpapier oder Backfolie verteilen und bei 40 °C für ca. zwölf Stunden trocknen, am nächsten Morgen die Plätzchen wenden und für weitere sechs Stunden trocknen lassen.

Mit diesen Plätzchen werden Sie nie wieder gegen Stuhlverstopfung kämpfen müssen. Der Leinsamen und die Feigen wirken leicht abführend. Die Plätzchen beschleunigen die Passagezeit im Darm und helfen beim Abnehmen.

Erdmandel-Milch

Erfrischt und ist erfrischend einfach!

Zutaten:

2 Tassen eingeweichte oder verzehrfertige Erdmandeln (oder Erdmandelmehl)

1 Tasse Wasser

Zubereitung:

Eine hervorragende Milch kann man aus Erdmandeln herstellen. Die Zutaten mixen und durch ein Sieb gießen. Die Milch schmeckt herrlich erfrischend und enthält viele heilkräftige Nährstoffe wie Omega-3-Fettsäuren.

Erdmandeln werden in Spanien und auch in Ägypten angebaut. In Spanien kann man Milchshakes aus Erdmandeln trinken. Die eigentlich steinharten Erdmandeln werden ein bis drei Tage eingeweicht, bevor sie zusammen mit Wasser püriert werden. Um einen Vorrat anzulegen, lasse ich die eingeweichten Erdmandeln in einem Dörrgerät oder in der Sonne trocknen. Ich kann sie dann wie Nüsse essen oder für die Zubereitung der Milch verwenden. Inzwischen gibt es auch verzehrfertige Erdmandeln im Handel.

Getränke

G-8-Gemüsesaft

Dieser Saft stärkt das Verdauungsfeuer.

Zutaten:

 4 Bio-Tomaten

 2 Selleriestangen

 2 kleinere rote Bete

 2 Zitronen

 1 Gurke

 1 Bund Petersilie oder eine Handvoll Giersch

 3 Scheiben Ingwer

 1 Kohlrabi

 ¼ Tasse Kombucha-Tee (2 Wochen fermentiert)

Ernährungsprinzip:

Das Gemüse wird mit einem langsamen Entsafter entsaftet, entweder einem Greenstar oder einem Hurom. Zum Schluss erhält man einen dicken, kräftigen Gemüsesaft. Wünschen Sie eine dünnere Konsistenz, kann der Saft durch ein Sieb gegeben werden.

Die Zugabe von Kombucha-Tee, einem probiotischen und Anti-Krebs-Mittel ersten Rangs, unterstützt zusammen mit dem Ingwer das Verdauungsfeuer. Damit kann der Darm die Nährstoffe leichter assimilieren.

Gemüsesaft aus dem Bioladen ist pasteurisiert und enthält deshalb keine Enzyme wie frisch gepresster Gemüsesaft.

Stärkende Hühnerbrühe

Zutaten:

3 l Wasser

1 Zwiebel

1 Stück Sellerieknolle

1 Karotte

Würzen: 2 Esslöffel Suppenbrühe-Pulver, 1 Esslöffel Curry, 3 bis 4 Lorbeerblätter, ½ Teelöffel Pfeffer, ½ Teelöffel Koriander-Pulver und ½ Teelöffel Kreuzkümmel

Zubereitung:

Hühnerknochen werden in einen Topf mit ca. 3 l Wasser gegeben. Ein paar Minuten lang aufkochen, dann das Wasser wegschütten. Der Topf wird erneut mit 2 l Wasser gefüllt, eine Zwiebel, ein Stück Sellerieknolle und eine Karotte werden hinzugegeben. Die Brühe kann man mit 2 Esslöffeln Suppenbrühe-Pulver, 1 Esslöffel Curry, 3 bis 4 Lorbeerblättern, ½ Teelöffel Pfeffer, ½ Teelöffel Koriander-Pulver und ½ Teelöffel Kreuzkümmel würzen. Die Suppe wird für ca. 3 Stunden bei niedriger Hitze gekocht und dann abgekühlt. Danach verfestigt sich das Fett und schwimmt oben auf der Suppe. Die Suppe wird durch ein Sieb in einen zweiten Topf gegossen, damit man die Fettschicht beseitigen kann.

Die Brühe kann auch eingefroren werden. Sie ergibt eine exzellente Basis, um eine Miso-, Gemüse-, Linsen- oder Bohnensuppe zuzubereiten.

Kalt geräucherter Bio-Lachs

Mangelausgleicher

Zutaten:

Bio-Lachs in Scheiben

Cracker oder Salat

Anrichten:

Im Bioladen und in manchen Supermärkten kann man Bio-Lachs in Scheiben kaufen, die kalt geräuchert sind. Weil der Fisch nicht erhitzt wird, gerinnt das Eiweiß nicht. Damit entstehen viel weniger Schlacken, die unsere Gefäße verstopfen können. Wer möchte mit 85 „gaga" im Gehirn sein?

In den USA leiden bereits 50 Prozent aller 85-Jährigen unter Demenz! In Deutschland gibt es inzwischen ca. 1,2 Millionen Demenzkranke.

Die Lachs-Scheiben können zu den Crackern oder einem Salat gegessen werden.

Götterspeise „Jello“

Gelatine: Gut für Knochen und Bindegewebe

Zutaten:

Ein Päckchen Bio-Gelatine aus dem Bioladen

½ Liter heißes Wasser

1 Teelöffel Stevia-Süßblatt-Konzentrat oder 4 Datteln

2 Tassen gefrorene Himbeeren

Zubereitung:

Alle Zutaten in einem Mixer pürieren, kalt stellen und nach dem Gelieren genießen!

„Jello“ ist die amerikanische Bezeichnung für eine gelatinehaltige Götterspeise. Laut Edgar Cayce, dem berühmten amerikanischen Gesundheitspropheten, können Vitamine und Mineralstoffe im Darm besser resorbiert werden, wenn der Körper genügend Gelatine erhält. Wissenschaftliche Studien konnten inzwischen seine Aussage bestätigen. In Japan wird Gelatine bei einer Reihe von Krankheiten wie Medizin eingesetzt, vor allem bei Magen-Darm-Krankheiten, Gelenkbeschwerden und Diabetes. Warum hört man so wenig über die Heilwirkung von Gelatine? Weil man sie nicht patentieren kann. Für Gelatine gibt es keine Lobby.

Wir hätten viel weniger Probleme mit unserem Bindegewebe, Haar, unserer Haut, den Gelenken und Knochen, wenn wir regelmäßig Gelatine verzehren würden. Eine Götterspeise ist ein kalorienarmer Nachtisch, der diese Strukturen stärken kann.

Brennnessel

Die Brennnessel schmeckt köstlich und enthält als Königin der Wildkräuter die größte Heilkraft. Kaum eine andere Wildpflanze ist so eiweißhaltig. Brennnesseln weisen auch ca. 20-mal mehr Kalzium und Vitamin C als Salatblätter auf und reinigen das Blut.

Die Verwendung von Wildkräutern wie Brennnesseln mit einem hohen Gehalt an Serotonin kann die psychische Stimmung heben, ein wichtiger therapeutischer Ansatz bei Depressionen und Stimmungsschwankungen. Die Brennnessel gibt Kraft und führt zu mehr innerer Gelassenheit.

Wegen ihrer heilkräftigen Wirkung auf die Haare sind Brennnesseln berühmt. Sie enthalten viel Zink, ein Mineral, welches neben Kupfer in Verbindung mit einer gesunden Haarfarbe gebracht wird.

Giersch

Giersch wirkt allgemein entzündungshemmend und wurde von Pfarrer Kneipp vor allem bei Polyarthritis eingesetzt. Er hat den Vorteil, dass er trotz seines Bitterstoffgehalts nicht so bitter schmeckt wie Löwenzahn. Durch seinen hohen Nährstoffgehalt kommt Giersch gleich nach der Brennnessel, der Königin der Wildkräuter.

Wichtige Wildkräuter

Giersch wird auch „Gichtkraut" genannt, weil er den Ruf genießt, ein Heilmittel für Gelenke und Bandscheiben zu sein.

Wie sagte Pfarrer Kneipp so schön: „Um Brotgicht (Arthritis, Arthrose) zu kurieren, sollte man anstelle von Brot Giersch (ein Wildkraut) essen und die Gelenkschmerzen werden verschwinden!"

Melde (Weißer Gänsefuß)

Die Bekanntschaft mit der wilden Melde zu machen lohnt sich; es gibt kaum eine besser und milder schmeckende Wildpflanze, weil sie nur wenig Bitterstoffe enthält. Sie hat einen sehr angenehmen, nussartigen Geschmack, sogar besser als Rucola oder Spinat. Russische Bauern haben bei Ernteausfall, was fast jedes Jahr vorgekommen ist, von der wilden Melde gelebt.

Auf meinen Kräuterwanderungen lege ich immer große Betonung auf diese Pflanze. Sie wächst vor allem in landwirtschaftlichen Gebieten, wo die Erde umgegraben wurde. In Mallorca ist sie mein Grundnahrungsmittel; fast täglich verwende ich sie für meinen Cocktail. Selbst im heißen August kann ich die Pflanze auf der Insel finden.

Indianer haben die äußerst schmackhaften Samen auch gerne gegessen. Jemand, der die Melde kennt, wird niemals verhungern. Man gewinnt durch die Kenntnis dieser Pflanze ein Stück Unabhängigkeit von der Industrie, die die Menschen zu versklaven versucht.

Spitzwegerich

Spitzwegerich findet man überall in der Natur. Wie auch Brennnesseln enthält dieses Wildkraut reichlich Eiweiß. Das Kraut genießt den Ruf eines exzellenten Lungen- und Hustenmittels. Es übt eine starke reinigende Wirkung auf alle Lungenschleimhäute aus. Genau das benötigen viele von Luftverschmutzung geplagte Stadtmenschen.

Brombeerblätter

Auch mitten im Winter kann man heilkräftige grüne Wildkräuterblätter ernten. Die Brombeerblätter bleiben sogar bei eiskaltem Wetter grün und saftig und enthalten Chlorophyll und Biophotonen. Man muss sie nur im Wald pflücken.

Durch die Brombeerblätter wird der Körper außerdem mit pflanzlichem Eiweiß sowie sekundären Pflanzenstoffen und Enzymen versorgt. Brombeersträucher sind die einzigen grünen Pflanzen, die man selbst bei hoher Schneedecke noch finden kann.

Ackerschachtelhalm

Ackerschachtelhalm (Zinnkraut) wirkt durch seinen hohen Gehalt an Kieselsäure, die wegen unserer ausgelaugten Ackerböden in unserer Nahrung kaum zu finden ist, sehr stärkend und straffend auf das Bindegewebe. Jeder ab 40 Jahren sollte regelmäßig den Ackerschachtelhalmsaft einnehmen, um vorzubeugen.

Übersicht der Wildkräuter

Brennnessel

Giersch

Vogelmiere

Kohl-Kratzdistel

Knoblauchsrauke

Wiesenkerbel

Wiesenbärnklau

Gundermann

Löwenzahn

Spitzwegerich

Melde/Weißer Gänsefuß

Sauerampfer

Brombeerblätter

Schachtelhalm/Zinnkraut

Gänseblümchen

Portulak

Franzosenkraut/Knopfkraut

Übersicht der Wildkräuter

Bärlauch

Taubnessel

Salate

Romana-Salat

Rucola

Spinat

Beeren

Himbeeren

Heidelbeeren

Weißdornbeeren

Küchenkräuter

Petersilie

Koriander

Minze

Baumblätter und -früchte

Lindenblätter

Kastanien

Eicheln

Johannisbeeren

Brombeeren

Erdbeeren

Willkommen in unserer Küche

Dr. Switzers Empfehlungen

Unbedingt empfehlenswert, vor allem für Krebspatienten, ist der Einsatz eines langsamen Entsafters, der mit einer Geschwindigkeit von weniger als 70 Umdrehungen/Min. entsaftet. Hier empfiehlt sich der Hurom-Entsafter oder der Greenstar. Eine unerlässliche Investition für Krebspatienten, weil die Enzyme mit den schnell drehenden Entsaftern zerstört werden.

Den Turbo-Standmixer Revoblend

Den RB 390 mit 32.000 U/Min sowie den Revoblend RB 500 mit 38.000 U/Min. und den einzigartigen Sixwave Blades erhalten Sie unter: www.revoblend.de

Revoblend-Mixer

Greenstar

Den **Tribest-Minimixer** (Personal Blender), den **Vitamix-Industrie-Mixer**, den **Greenstar** sowie die **Excalibur**- und **Stöckli-Dörrgeräte** erhalten Sie bei:
Keimling Naturkost
www.keimling.de

Den günstigen **Standmixer Energy Power Smoother** mit 25.000 U/Min. sowie den **Hurom-Entsafter** erhalten Sie unter: www.vital-energy.eu

Spiralschneider
(verwandelt Zucchini in Nudeln):
Stand-Spiralschneider, Lurch AG,
www.lurch.de

Ein sehr gutes Buch im Taschenformat zur Bestimmung von Wildkräutern mit Fotos und Zeichnungen heißt **„Essbare Wildpflanzen. 200 Arten bestimmen und verwenden"** von Steffen Guido Fleischhauer u. a. (AT Verlag).

Tribest-Minimixer

Willkommen in unserer Küche

Bezugsquellen Rohwaren

Tropische Früchte, Johannisbrot (Karob)-Schoten roh:
Orkos
www.orkos.com

Tropenkost
www.tropenkost.de

Auch viele asiatische Läden bieten tropische Früchte an.

Kastanien-Pulver in Rohkost-Wildwuchs-Qualität (sowie **Kastanienmehl, Kastanienflocken und Dörrkastanien):**
Naturgaben Ursula Schaller
www.naturgaben.de

Mikromineralien-Ur-Essenz
erhalten Sie über die folgenden Adressen:
www. microminerals.eu
www.veda.ch

Unfermentierte rohe Kakaobohnen, rohe Oliven, Kokosöl/Kokosmus, Erdmandeln fein gemahlen (roh):
Keimling Naturkost
www.keimling.de

Rohe Kakaobohnen, Bio-Maca-Pulver, Stevia, Weißdornbeeren (getrocknet):
G & M Naturwaren
www.elcompra.de

Rohes Kakaopulver, Kakaobutter, Lucuma-Pulver, Chia-Samen, rohes Karob-Pulver:
Detox Your World
www.detoxyourworld.com
Superfood for you
www.rohsuperfood.de
PureRaw
www.pureraw.de

Stöckli-Dörrgerät

Rohkost-Leinsamen-Cracker, Schokolade (bestes Sortiment):
Lifefood
www.lifefood.de

Bio-Mandelmus in Rohkost-Qualität:
Soyana
www.soyana.ch

Bio-Kokosmus, -Kokosöl, -Kokosmehl:
Dr. Goerg
www.virgin-coconut-oil.de
www.drgoerg.com

Bio-Sesammus in Rohkost-qualität:
Vitakeim, www.vitakeim.de
Keimling, www.keimling.de

Rohmilch-Bio-Butter:
www.schaetzeausoesterreich.at

Ganze Erdmandeln (verzehr-fertig), Erdmandel-Flocken (Chufas-Nüssli)**, Erdmandel-mehl:**
Erdmarie, UrkornHof
(Reformhäuser, Bioläden)

Frische Wildkräuter:
St. Michaelshof (Demeter)
www.st-michaelshof.de

Vata-Churna-Gewürz, Vata-Tee:
AMLA Natur Vertriebs GmbH
www.amla.de
Maharishi Ayurveda Products
Europe B.V. Deutschland
map@ayurveda-produkte.de

Kombucha-Pilz:
www.kombuchapilz.de

Melasse-Hefeflocken, Mesquite-Pulver:
www.puravita.de

Wildkräuter-Cocktails im Urlaub

Den kleinen Mini-Mixer „Personal Blender" von Keimling nehme ich auf meinen Reisen mit. Sogar in Hotels mixe ich meine grünen Wildkräuter-Cocktails! Wildkräuter finde ich fast überall, sogar in Parks, Früchte bekomme ich auf Märkten. Schon habe ich eine nahrhafte Mahlzeit zusammen. Das hat mich schon öfter vor einer trostlosen Mahlzeit in einem Restaurant gerettet. Auf Mallorca ernte ich die Blätter des Weißen Gänsefußes (der „wilden Melde") und mixe sie mit Wasser, Bienenpollen, eingeweichten Mandeln, Zitronensaft, Bananen und frisch gepflückten Wildfeigen. Eine Köstlichkeit, die auch meine Frau begeistert hat!

Ich erlebte zwei herrliche Wochen auf Mallorca und musste nicht einmal für teures Geld essen gehen. Ich lebte fast ausschließlich von Rohkost: grüne Wildkräuter-Cocktails, reife Früchte und selbst gepflückte Mandeln, leckere Salate und zwischendurch eine Gelatine-Götterspeise. Ich fühlte mich während dieser Zeit innerlich beschwingt, gut gelaunt und voller Energie. Es ging mir fast täglich ein Stück besser. Der Erholungseffekt nach einem solchen Urlaub war enorm. Mit einer „All Inclusive"-Pauschalreise wäre ich reif für eine Ayurveda-Kur gewesen!

Die meisten Urlauber machen einen trägen und phlegmatischen Eindruck.

Das Essen ist einfach zu üppig für das Herumliegen am Strand. Nach meinem Wildkräuter-Frühstück fühle ich mich leicht und beschwingt. Der perfekte Start für einen schönen, erlebnisreichen Tag in der Sonne am Strand oder auf einem Mountainbike! Sonne, das tägliche Schwimmen im Meer und die grünen Wildkräuter-Cocktails sorgen für einen tollen Erholungseffekt. Körperlich und geistig kann ich voll auftanken. Hätte ich täglich Pizza oder Pasta gegessen, wären meine Kanäle schnell wieder dicht gewesen. Meine Biophotonen aus den Wildkräutern hätten mir gefehlt!

Ich kann einen solchen Wildkräuter-Vitalkost-Urlaub wärmstens empfehlen.

Die Wirkung ist ähnlich wie beim Heilfasten mit dem Unterschied, dass durch die Wildkräuter-Cocktails und Mikromineralien mehr Energie zur Verfügung steht als beim klassischen Heilfasten. Man wird keine Durchhänger wie beim Fasten haben, trotzdem bekommt der Körper eine exzellente Gelegenheit, sich zu entgiften.

Nährstoffmangel bei Vegetariern und Veganern

Immer wieder erlebe ich, wie Vegetarier und Veganer in meiner Praxis unter einem Mangel an Vitamin B12, Vitamin D, Taurin (einer Aminosäure), Vitamin A, Zink und anderen organischen Spurenelementen leiden.

Die erfolgreichsten Vegetarier waren diejenigen, die ihre Ernährung weniger konsequent betrieben haben und gelegentlich auch ein Stück Fleisch oder Fisch gegessen haben. Dadurch litten sie unter weniger Nährstoffmangel.

Bei Menschen mit einem schwachen Verdauungsfeuer kann eine Hühnerbrühe ein exzellentes Stärkungsmittel sein. Vor allem Vegetarier, die zu wenig Magensäure bilden, können bei der Assimilation von Nährstoffen aus Gemüse und Obst Probleme bekommen. Typische Symptome, die auf einen Mangel an Magensäure hinweisen können, sind Blähungen, Völlegefühl, Sodbrennen und Verstopfung. Hier kann das Mittel Mikro-Digest, eine Verdauungshilfe, die Hydrochlorsäure und Enzyme im Magen freisetzt, eine sehr hilfreiche Unterstützung sein.

Wöchentlich esse ich ca. 150 Gramm kalt geräucherten Bio-Lachs und zweimal eine Gelatine-Götterspeise. Auf Milchprodukte verzichte ich mit Ausnahme von Rohmilch-Kefir. Gelegentlich esse ich ein Stück Rohmilch-Ziegenkäse und Butter. Ganz selten, im Sommer, mixe ich Eis aus Rohmilch und gefrorenen Himbeeren. Die Milch erhalte ich von einem Bio-Bauernhof in der Nähe. Mit diesen kleinen Mengen tierischem Eiweiß fühle ich mich sehr kraftvoll und ausgeglichen. Wenn ich Wildkräuter und die organischen Mikromineralien hinzugebe, leide ich nicht unter den Gelüsten, die mich früher, als ich mich klassisch ayurvedisch ernährte, geplagt haben.

Gelatine kann die Haut glätten und die Bildung von Falten verhindern. Sie liefert wichtige Bausteine für die Bildung der Haut, Knochen, Haare und Blutgefäße. Durch die Gelatine und organischen Mikromineralien bin ich mit 55 immer noch faltenfrei und meine Haare haben ihre natürliche Farbe. Das Bindegewebe kann von der Gelatine profitieren, weil sie wichtige Bausteine für die Bildung von kollagenen Fasern liefert. Für Vegetarier gibt es Gelatine-Pulver, das aus Fischknochen gewonnen wird. Bio-Gelatine erhält man im Bioladen oder Reformhaus.

Gerade Vegetarier und Veganer können schnell grau und faltig werden. Fehlende Gelatine und organische Spurenelemente können den Alterungsprozess beschleunigen. Ich habe schon 50-jährige Vegetarierinnen erlebt, die fast wie 70 ausgesehen haben. Kleine Mengen Gelatine, kalt geräucherter Bio-Lachs, Wildkräuter-Cocktails, das Weglassen von glutenhaltigen Kohlenhydraten und eine Reduktion von Milcheiweiß können diesen Prozess verlangsamen bzw. stoppen. Hier nutzen all die teuren Cremes nicht viel.

Die Heilkraft von Wildkräutern auf DVD

Wildkräuter-Vitalkost-Superfood

Empfehlungen bei Krebs und anderen schweren Erkrankungen

Diese zwei DVDs sind eine Einführung in Dr. Switzers Krebs-Reha-Programm: eine Verbindung aus Dr. Gersons Krebs-Therapie und der Wildkräuter-Vitalkost. Jeder, der seinen Stoffwechsel und sein Immunsystem optimieren möchte, kann von diesen zwei DVDs profitieren!

Je DVD € **20,00**

Vitalkost-Rezepte Vorführung

Seit mehr als 30 Jahren hat sich Dr. Switzer mit den Stärken und Schwächen verschiedener Ernährungsformen beschäftigt. Alle weisen einen Mangel an wichtigen Nährstoffen wie Chlorophyll, organische Spurenelemente, Biophotonen, Probiotika und unzählige sekundäre Pflanzenstoffe auf. Das erschwert eine echte Sättigung, dämpft den Stoffwechsel und führt meist zu starken Gelüsten. Auch das Auftreten von degenerativen Erkrankungen kann begünstigt werden. Die Wildkräuter-Vitalkost versucht dieses Dilemma durch innovative Gerichte zu lösen, die eine überragende Nährstofffülle bieten.

DVD € **20,00**

Superfood-Rezepte

Mit dieser DVD werden Sie erleben, wie leicht und mühelos therapeutisch heilkräftige und schmackhafte Vitalkost-Gerichte entstehen können! Sie werden erfahren, welche Vitalkost- und Superfood-Rezepte bei Krebs und anderen degenerativen Krankheiten besonders heilkräftig und therapeutisch wirksam sind.

Dr. Switzers
Wildkräuter-Vitalkost

DVD € **20,00**

Alle vier DVD's zu € **69,00**

Erfahrungen mit der Wildkräuter-Vitalkost:

Wir sammeln Berichte von Erfahrungen, die Patienten mit den Wildkräuter-Cocktails in den letzten Jahren gemacht haben (einige davon finden Sie im Rezeptbuch).
Wir freuen uns über jede Rückmeldung: info@ein-langes-leben.de